Bildquellen:
Alte Grafik & Kulturhistorische Bilddokumente
R. Mehrdorf, 74704 Heilbronn
info@altegrafiken.de

Müller & Gräff
Calwer Straße 54
70173 Stuttgart

Text und Konzeption: Sylvia Tress

Anschrift: Postfach 10 03 25, 73703 Esslingen

ISBN 3-480-21921-7

Lichterglanz und Weihnachtszauber

Weihnachtstraditionen aus alter Zeit

esslinger
präsent

11. November – St. Martin

Obwohl der Martinstag einige Wochen vor Advent liegt, gilt er allgemein als Auftakt der Weihnachtszeit. Der Martinstag war ein wichtiger Tag im bäuerlichen Wirtschaftsleben. Die Erntezeit war vorüber, Naturalien mussten an die Lehnsherren abgegeben werden und es wurde all jenes Vieh geschlachtet, das man nicht den ganzen Winter durchfüttern konnte. Dazu gehörten auch die Gänse. So ergab sich der Brauch, am Martinstag, vor dem vierzehntägigen Adventsfasten, noch ein großes Festmahl zuzubereiten. Hier mischte sich bäuerliches Brauchtum in die Legende des heiligen Martin, dem Schutzheiligen der Armen.

Martin, Offizier im römischen Heer, begegnete an einem eisig kalten Winterabend am Stadttor von Amiens in Frankreich einem frierenden Bettler. Aus Mitleid zerteilte Martin seinen Umhang mit dem Schwert und gab einen Teil dem Bettler, um ihn zu wärmen. In der Nacht erschien ihm Jesus mit diesem Umhang im Traum, denn dieser hatte ihn prüfen wollen.

Martins gute Tat verbreitete sich in Windeseile. Er wurde ein bekannter Mann, der überall verehrt wurde. Auf Drängen des Volkes hin sollte Martin zum Bischof von Tours geweiht werden. Da er sich jedoch vor diesem Amt fürchtete, versteckte er sich in einem Stall, um der Wahl zu entgehen. Doch das laute Schnattern der Gänse verriet ihn und so musste Martin das Bischofsamt übernehmen.

~ Martinsgans ~

Gans (ca. 3,5 kg)
Salz, Pfeffer, Majoran

Füllung:
500 g Maronen
3 saure Äpfel
100 g Rosinen
1/4 l Rotwein

1. Die Gans waschen, abtrocknen und mit einem Gemisch aus Salz, Pfeffer und Majoran innen und außen einreiben.
2. Die Maronen im Backofen rösten, schälen. Äpfel schälen, vierteln, entkernen und in feine Würfel schneiden. Maronen, Apfelstückchen und Rosinen mischen. Damit die Gans füllen und anschließend mit Küchengarn zunähen.
3. Mit der Brust nach unten in einen Bräter legen und bei 200 °C gut eine Stunde im vorgeheizten Backofen garen. Dann die Gans wenden und weitere 30 Minuten braten.
4. Während des gesamten Bratvorgangs regelmäßig mit dem Bratfett übergießen.
5. Wenn die Gans knusprig ist, Bratenfond abgießen und Gans warm stellen.
6. Bratenfond mit Rotwein und etwas Wasser ablöschen und kurz aufkochen lassen.

Dazu schmecken am besten Rotkraut und Kartoffelklöße.

1. Dezember – der Advent beginnt

Mit der Adventszeit kehrt die Besinnlichkeit in unsere Häuser ein. Früher galt der Advent als Beginn gemütlicher Zusammenkünfte. Familien und Freunde trafen sich, um im Schein der Kerzen gemeinsam Weihnachtsvorbereitungen zu treffen. Es wurde erzählt, gesungen und vorgelesen. Der Advent war jedoch auch Buß- und Fastenzeit, in der nicht getanzt oder geheiratet werden durfte. An den ersten beiden Sonntagen schwiegen selbst die Kirchenglocken.
Der Begriff „Advent“ leitet sich vom lateinischen Wort *adventus* (Ankunft) ab und benennt damit die Vorbereitungszeit auf die Ankunft Jesu Christi.
Im 6. Jahrhundert legten Kirchenväter die Zahl der Adventssonntage auf vier fest. Diese sollten symbolisch die 4.000 Jahre widerspiegeln, die die Menschheit auf den Erlöser warten musste.

Unsere Adventsbräuche entstammen nicht dem christlichen Glauben allein; oft mischen sich heidnische Bräuche in unsere weihnachtlichen Traditionen. Denn mit der Adventszeit begann der letzte Monat des alten Jahres, welcher in den heidnischen Tagen besondere Beachtung erfuhr.
Die Adventszeit ist die Zeit der Vorfreude auf Weihnachten, auf die Ankunft des Christkinds, sie ist aber auch von jeher die dunkelste Zeit des Jahres, in der Heilige und gute Geister um Beistand und Schutz beschworen werden.
Im Advent trifft der Glaube an die Wunderkraft der Weihnachtstage auf alten Winterzauber – Weihnachtswunder und Orakelnächte begegnen einander in klirrender Kälte.

~ Der Adventskranz ~

Der Adventskranz entwickelte sich, wie viele weihnachtliche Traditionen, aus einem heidnischen Brauch. Bauern befestigten grüne Kränze an den Türen von Haus und Stall. Der runde Kranz, eine in sich geschlossene Form, ließ nichts Böses ins Haus und schützte diejenigen, die drinnen lebten. Mancherorts wurde der Kranz noch mit goldenen und roten Bändern geschmückt, da diese Farben Licht und Lebenskraft symbolisierten, etwas, wonach sich die Menschen in den langen Wintermonaten sehnten.

Der Pfarrer Johann Hinrich Wichern (1808-1881) hatte in Hamburg das „Rauhe Haus", ein Waisenheim für Kinder und Jugendliche, gegründet. In der Adventszeit ließ er am großen Holzleuchter des Betsaals 24 Kerzen anbringen. Jeden Tag wurde eine weitere Kerze entzündet und so das Herannahen des Fests gefeiert. So hing vor über hundert Jahren der erste Adventskranz im Rauhen Haus und erfreute dort die Kinder.

Mit der Zeit verbreitete sich dieser Brauch im ganzen Land, dabei wurde aus dem großen Holzleuchter ein kleiner grüner Kranz mit vier Kerzen, für jeden Adventssonntag eine.

~ Der Adventskalender ~

Mit dem Einzug des Protestantismus wurde die Kinderbescherung vom Nikolaustag auf den 24. Dezember verlegt. Vier lange Adventswochen mussten die Kinder nun auf diesen Festtag warten. Um ihnen die Zeit zu verkürzen, entstanden frühe Formen des Adventskalenders: Der Vater malte 24 Kreidestriche an die Stubentür und jeden Tag durften die Kinder einen davon abwischen. Oder es gab eine große Adventskerze, die täglich ein Stück abgebrannt werden durfte. So rückte der Weihnachtsabend sichtbar näher.

Den ersten Adventskalender druckte Gerhard Lang, Teilhaber der lithographischen Anstalt Reichhold & Lang. Damals hieß die Erfindung noch „Weihnachtskalender“ und bestand aus 24 Feldern mit kleinen Versen und weihnachtlichen Motiven. Dazu gehörte ein zweites Blatt mit 24 Zeichnungen, die ausgeschnitten und Bildchen für Bildchen eingeklebt werden sollten. Schon bald wurden die unterschiedlichsten Varianten hergestellt. Es gab Aufstellkalender, transparente Kalender oder Ausschneidekalender. Das Kinderglück war sicherlich vollkommen, als Ende der fünfziger Jahre der erste schokoladengefüllte Adventskalender auf den Markt kam.

~ Die Weihnachtskrippe ~

Das Kind in der Krippe ist der Mittelpunkt des Weihnachtsfests. Für alle Gläubigen, die des Lesens nicht mächtig waren, wurde die zentrale Botschaft der Geburt Jesu Christi bereits im Mittelalter in Schaustücken, so genannten Weihnachtsspielen, nachgestellt. Auch der heilige Franziskus von Assisi ließ im Jahre 1234 an Weihnachten in einer Grotte im Wald eine Futterkrippe mit lebensgroßen Wachsfiguren aufbauen. Ein echter Ochse und Esel machten die Krippenszene vollkommen. Dort hielt er vor vielen Menschen seine berühmte Weihnachtspredigt und wurde so zum „Vater der Krippen".

Sein Orden der Franziskaner, aber auch die Jesuiten und die Dominikaner verbreiteten diesen Brauch in Deutschland. Zunächst wurden nur in den Kirchen große Krippen aufgebaut, die von den besten Künstlern und Holzschnitzern gefertigt wurden. Erst im 19. Jahrhundert wurde die Krippe auch zum häuslichen Symbol des Weihnachtsfests.

Je nach Region und Gesellschaftsstand wurden die Krippen unterschiedlich geschmückt und gestaltet. Die Figuren trugen meist volkstümliche Kleidung oder die Kleidung der jeweiligen Mode. Bis heute ist das Aufbauen der Krippe wohl eine der beliebtesten Traditionen in der Adventszeit.

4. Dezember – Barbaratag

So berichtet es uns die Legende: Die heilige Barbara lebte im 3. Jahrhundert als Tochter eines angesehenen Kaufmanns in Nikomedien (Türkei). Da Barbara nicht nur klug, sondern auch auffallend schön war, ließ der Vater sie während seiner zahlreichen Reisen in einen hohen Turm mit zwei Fenstern einsperren. Barbara nutzte diese Abgeschiedenheit und studierte die Lehren des Christentums. Als ihr Vater eines Tages von einer Reise zurückkehrte, bemerkte er, dass der Turm ein neues Fenster besaß. Erstaunt stellte er seine Tochter zur Rede. Barbara gestand, dass sie sich in seiner Abwesenheit hatte taufen lassen und die drei Fenster für ihren neuen Glauben und die göttliche Dreifaltigkeit stünden.

Der Vater war entsetzt und befahl ihr, dem Christentum abzuschwören. Aber Barbara blieb standhaft. Aus Enttäuschung und Zorn lieferte ihr Vater sie dem römischen Statthalter aus. Barbara wurde gefangen genommen, vor Gericht gestellt und verurteilt.
Es heißt, dass sich auf dem Weg in die Gefangenschaft ein Kirschzweig in ihrem Gewand verfing, den sie im Verließ mit einem Tropfen Trinkwasser zum Blühen brachte und in dessen Anblick sie Trost fand. Selbst unter Folter und Qual verteidigte sie ihren Glauben und wurde letztlich von ihrem eigenen Vater enthauptet. Diesen traf nach der grauenvollen Tat der Blitzschlag.

~ Barbarazweige ~

Zahlreiche Volksbräuche zeigen die Verehrung der heiligen Barbara. In ihrem Namen und unter ihrem Schutz versuchte man, etwas über die nahe Zukunft zu erfahren. Besonders verbreitet ist die Sitte, an ihrem Namenstag einen Kirsch-, Apfel- oder Forsythienzweig zu schneiden und in das beheizte Zimmer zu stellen. Blüht der Zweig am Weihnachtstag, gilt dies als gutes Zeichen für das kommende Jahr. Der Brauch geht auf eine Zeit zurück, als blühende Zweige im Winter noch als Wunder galten.

~ Barbaraorakel ~

Die Verheißungen der heiligen Barbara wurden nicht nur für zukünftige Ernteerfolge genutzt. Viel innigere und vertraulichere Dinge sollten in ihrem Namen erfragt werden. In der Nacht zum Barbaratag schneiden die Mädchen mancherorts gleich mehrere Zweige vom Kirsch- oder Apfelbaum ab und geben den einzelnen Zweiglein die Namen ihrer Verehrer.
Der Zweig, an dem die Blüten als Erste aufspringen, verrät den Namen des Bräutigams.

6. Dezember – Nikolaus

Spätestens im September sind sie wieder da: Verführerisch glitzernd strahlen uns die Schokoladen-Nikoläuse an und wecken die Vorfreude auf das noch in recht weiter Ferne liegende Weihnachtsfest.

Was uns jedoch als Nikolaus in der Vorweihnachtszeit in den Läden begegnet, hat wenig mit dem historischen heiligen Nikolaus zu tun. Die Freunde der Kinder mit ihren prächtigen Rauschebärten und roten, pelzbesetzten Mänteln vereinen vielmehr traditionelle Vorstellungen von drei unterschiedlichen Figuren: dem heiligen Nikolaus, Knecht Ruprecht und dem amerikanischen Santa Claus.

Um den heiligen Nikolaus von Myra ranken sich viele Legenden. Die bekannteste besagt, dass der Heilige die Klagen eines Vaters dreier Töchter erhörte. Dieser war zu arm, um seinen Kindern eine Aussteuer zu geben und sie ehrbar zu verheiraten. Daher musste er die Mädchen auf die Straße schicken, damit sie sich ihr eigenes Geld verdienten. Der Heilige hatte Mitleid mit ihnen und soll eines Nachts drei Goldklumpen durch den Kamin geworfen haben, wo sie in die Strümpfe der Mädchen fielen, die zum Trocknen am Kamin hingen. Die Freude im Haus war groß und der heilige Nikolaus ging so als Wohltäter und Bescherer der Kinder in die Geschichte ein. Darstellungen zeigen ihn meist mit Bischofsmütze und einem beigefarbenen Mantel. In der Hand hält er einen Krummstab und die besagten drei goldenen Kugeln.

~ Knecht Ruprecht ~

Der Begleiter des heiligen Nikolaus ist Knecht Ruprecht, andernorts auch der Krampus oder der Rauhe Percht. Der schwarz gekleidete und meist mit einer furchterregenden Maske verkleidete Gesell symbolisiert das Böse, das dem Guten zu dienen hat. Er soll die unartigen Kinder erschrecken, während die braven mit Nüssen und Zuckerwerk beschenkt werden. Knecht Ruprecht trägt auch die berüchtigte Rute, vor der sich die Kinder am meisten fürchten. Dabei gilt der Streich mit der Rute erst seit der Aufklärung als Strafe.

Davor versprach die Berührung mit der Rute interessanterweise Glück und Segen. Da die Ruten meist aus knospenden Zweigen, so genannten Maien, gebunden waren, erinnerten sie an die immergrünen Kränze, die Schutz und Fruchtbarkeit versprachen. Durch die Berührung mit der Rute sollte sich die Lebenskraft auf die Personen übertragen.

~ Santa Claus ~

Klein, rundlich, mit langem weißen Bart trägt er einen pelzbesetzten roten Mantel und hat immer ein fröhliches „Ho, Ho, Ho" auf den Lippen. Dieser freundliche Mann ist Santa Claus. Er kommt wohl unserer heutigen Vorstellung vom Weihnachtsmann am nächsten. Dabei hat er mit seinen weihnachtlichen Kameraden nicht viel gemeinsam.

Santa Claus ist aus einem Gedicht von Clement Moore entstanden. Der Professor für Sprachen an der Columbia-Universität hat sich die Geschichte vom Rentierschlitten fahrenden Santa Claus, der am Weihnachtsabend durch den Kamin steigt, um den Kindern ihre Strümpfe zu füllen, im Jahre 1822 als Weihnachtsüberraschung für seine Kinder ausgedacht. Allerdings dachte er nie daran, die Verse zu veröffentlichen. Doch ein enger Freund der Familie schickte das Gedicht an eine bekannte Zeitung, in der es ein Jahr später mit einer Zeichnung des namhaften Cartoonisten Thomas Nast erschien. Nast zeigte einen kleinen, kugelrunden Kerl mit weißem Bart, der genüßlich seine Stummelpfeife raucht und einen Schlitten mit acht Rentieren fährt. Selten hat ein Bild die Menschen so verzaubert. Auch heute noch warten die amerikanischen Kinder in der Weihnachtsnacht gespannt, ob sie nicht einen Blick auf Santa Claus und das berühmte Rentier Rudolph erhaschen können.

~ Spekulatius ~

„Spekulator", der in geistlicher Betrachtung Versunkene, war ein alter Name für den heiligen Nikolaus. „Spekulaas" ist selbst heute noch ein holländischer Beiname des Nikolaus und mit dem 6. Dezember begannen früher auch die Vorbereitungen für das Weihnachtsgebäck.

500 g Mehl
375 g Zucker
250 g Butter, gekühlt
2 Eier
100 g geriebene Mandeln
1 Teelöffel Zimt
1 Messerspitze Kardamom
1 Prise Nelken
1 Prise Muskat

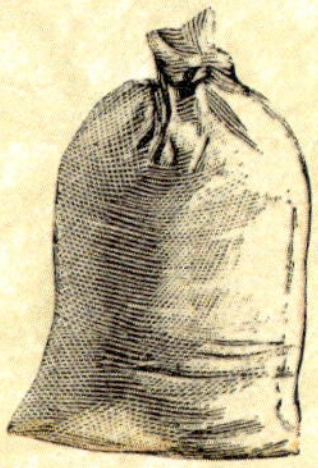

1. Mehl, Zucker, Mandeln und die Gewürze auf der Arbeitsfläche häufen. Butter in Flöckchen auf dem Zutatenberg verteilen. In die Mitte eine kleine Kuhle drücken und die Eier hineingeben. Alles mit einen Messer durchhacken und rasch zu einen glatten Teig kneten. Über Nacht kalt stellen.
2. Model mit Mehl ausstreuen, ein Stück Teig darauf legen und ausrollen. Überstehenden Teig abschneiden und Teig aus dem Model herausklopfen.
3. Spekulatius auf ein gefettetes Backblech legen und im vorgeheizten Ofen bei 175 °C etwa 10 Minuten goldbraun backen.

~ Weihnachtslieder ~

Weihnachtslieder sind aus der Adventszeit nicht wegzudenken. Leise und besinnlich oder fröhlich und heiter mit dem Klang von Schlittenglöckchen untermalt, stimmen sie uns auf das Weihnachtsfest ein. Die ältesten Lieder sind in lateinischer Sprache verfasst und entstammen Wechselgesängen, die der Geistliche mit der Gemeinde zum Lobe Gottes sang. Begabtere Sänger bildeten Singgemeinschaften und trugen zu Weihnachten die Geschichte der Geburt Jesu als Singspiel vor. Als auch kleine Kirchengemeinden sich eine Orgel leisten konnten, traten die Singspiele in den Hintergrund, dennoch wurde die Gemeinde am Heiligen Abend häufig mit einem selbst komponierten Weihnachtslied der Singgemeinschaften überrascht.

Aus dieser Tradition stammt auch das wohl bekannteste deutsche Weihnachtslied „Stille Nacht, Heilige Nacht". Die Entstehungsgeschichte liest sich fast wie ein eigenes kleines Weihnachtswunder. Der Hilfsprediger Joseph Mohr (1792-1848) galt als sehr volksnah und wollte seiner Gemeinde zum Weihnachtsfest ein Lied schenken, das auch die einfachen Leute verstanden. So verfasste er den Text in deutscher Sprache und bat den Dorflehrer Franz Xaver Gruber (1787-1863), dazu eine Melodie zu komponieren. Da die Orgel in erbärmlichem Zustand war, wurde das Lied mit der Gitarre in der Dorfkirche zu Oberndorf uraufgeführt.

Die Noten gerieten in Vergessenheit und lagen jahrelang auf der Empore, bis die Orgel schließlich repariert werden konnte und der Orgelbauer die Noten wiederentdeckte. 1843 wurde das Lied in Gebhardts Sammlung „Musikalischer Hausfreund" aufgenommen und trat damit seinen Siegeszug um die Welt an.

Ende des 18. Jahrhunderts entstanden besonders viele Weihnachtslieder. „Ihr Kinderlein kommet", „Oh du fröhliche" oder „Morgen kommt der Weihnachtsmann" stammen aus dieser Zeit. Die Verbreitung des Klaviers sorgte für eine passende Begleitung. Das Weihnachtslied konnte nun als Hausmusik die festlichen Stuben erobern.

~ Butterstollen ~

Rezept ergibt zwei Butterstollen

100 g Zitronat	*2 Würfel Hefe*	*1 Prise Kardamom*
100 g Orangeat	*250 g Zucker*	*1 Prise Muskatnuss*
100 g Rosinen	*1/4 l Milch*	*400 g Butter*
6 EL Rum	*Salz*	*50 g Puderzucker*
1 kg Mehl	*1 Prise Piment*	*100 g Butter zum Bestreichen*

1. Zitronat und Orangeat fein würfeln und mit den Rosinen in eine Schüssel geben. Mit dem Rum beträufeln und über Nacht durchziehen lassen.
2. Das Mehl in eine Schüssel sieben und in die Mitte eine Vertiefung drücken. Die Milch erwärmen und die Hefe mit 1 EL Zucker darin auflösen. Hefemischung in die Vertiefung gießen und mit etwas Mehl verrühren. Den Vorteig zugedeckt etwa 30 Minuten an einem warmen Platz gehen lassen.
3. Butter in Flöckchen schneiden, mit dem restlichen Zucker und den Gewürzen zum Teig geben und kneten, bis er Blasen wirft. 1 Stunde ruhen lassen.
4. Teig auf eine mit Mehl bestäubte Arbeitsfläche geben und flach drücken. Die Rumfrüchte darauf verteilen und unterkneten. Teig in zwei Hälften teilen und jede Hälfte ein wenig flach rollen. Dann je eine Seite der Teigstücke bis knapp über die Mitte klappen, so dass die typische Stollenform entsteht. Stollen auf das Blech legen und weitere 2 Stunden ruhen lassen.
5. Im Backofen bei 180 °C etwa 1 Stunde backen. Butter schmelzen und beim Abkühlen den Stollen damit bestreichen. Mit Puderzucker bestäuben.

- Der Weihnachtsmarkt -

Weihnachtsmärkte haben eine lange Tradition. Im 18. Jahrhundert besaß bald jede größere Stadt ihren eigenen Weihnachtsmarkt, auf dem die Spezialitäten der Region angeboten wurden. An den weihnachtlich geschmückten Holzbuden erhielt man alles, was das Herz erfreute: Lebkuchen, Kerzen, Krippen, Spielzeug – nicht umsonst erzählte man den Kindern, dass hier das Christkind seine Geschenke einkaufen ginge.

Die Verlockungen waren groß. Wilhelm von Kügelgen (1802-1867), Maler und Schriftsteller aus Dresden, beschrieb das Angebot auf dem Dresdner Weihnachtsmarkt wie folgt: *„Das Glitzern der mit Rauschgold, mit bunten Papierschnitzeln und goldenen Früchten dekorierten Weihnachtsbäume,*

die hellerleuchteten, kleinen Krippen mit dem Christuskinde, die gespenstischen Knecht Ruprechte, die Schornsteinfeger aus gebackenen Pflaumen, die eigentümlich weihnachtlichen Wachsstockpyramiden in allen Größen, das Gewühl der Käufer und höfliche Locken der Verkäufer, alles regte festlich auf."

Bauern, Gesinde, Bedienstete und selbst der Adel flanierte an den Ständen auf und ab und bestaunte die weihnachtlichen Herrlichkeiten. Geschnitztes aus dem Erzgebirge erfreute sich großer Beliebtheit und fand seinen Weg auch in entfernt gelegene Städte.

Das Geschäft lohnte sich wohl für die Händler. Denn in der Adventszeit war die Ernte der Bauern verkauft, das Gesinde und die Dienstboten hatten ihren Lohn erhalten. Es war – wenn auch nicht viel – Geld vorhanden, um sich außer dem Nötigsten noch einige kleine Wünsche zu erfüllen oder Geschenke für die Familie zu besorgen.

Verführerische Düfte von Zimt, Lebkuchen und Kerzenwachs lagen damals und auch noch heute über den Weihnachtsmärkten und erinnern an die einfachsten und schönsten Weihnachtsfreuden.

~ Lebkuchenherzen ~

300 g Honig
200 g Butter
500 g Weizenmehl
abgeriebene Schale einer Orange
4 Messerspitzen gemahlene Nelken
10 g Pottasche

3 TL Wasser
5 EL Honig
2 EL Butter
3 EL Orangensaft
Nüsse
Mandeln

1. Honig mit der Butter unter ständigem Rühren in einem Topf erwärmen, bis die Butter geschmolzen ist. Honigmischung wieder abkühlen lassen.
2. Mehl mit der abgeriebenen Orangenschale und dem Nelkenpulver mischen und unter die Honigmischung rühren.
3. Die Pottasche im Wasser auflösen und unter den Teig kneten. Den Teig über Nacht bei Raumtemperatur ruhen lassen.
4. Am nächsten Tag den Teig auf einer bemehlten Arbeitsfläche etwa 0,5 cm dick ausrollen und mit einem Ausstechförmchen Herzen ausstechen.
5. Herzen auf ein gefettetes Backblech legen und etwa 12 Minuten bei 180 °C goldbraun backen.
6. Lebkuchen abkühlen lassen. Honig mit Butter schmelzen lassen, Orangensaft dazugeben und die Herzen mit der Honig-Orangen-Glasur bestreichen. Lebkuchen nach Belieben mit Nüssen und Mandeln verzieren.

~ Gaben und Geschenke ~

Schon lange vor dem Weihnachtsfest werden Wunschzettel geschrieben, im Garten an einen Baum gebunden und siehe da – das Christkind holt sie über Nacht ab. Nun beginnt für die Kinder das Hoffen, dass das Christkind auch nichts vergisst oder verwechselt. Manch einer bangt vielleicht, ob er denn auch brav genug gewesen ist.

Doch weshalb gibt es an Weihnachten überhaupt Geschenke? Diese Sitte geht zurück auf das Bibelwort *„Also hat Gott die Welt geliebt …“* (Johannes 3,16). Weihnachtsgeschenke sind demnach Gaben der Liebe. Gott liebte die Menschen so sehr, dass er ihnen seinen Sohn als Erlöser schickte. Die Geschenke erinnern zudem an die kostbaren Gaben Gold, Myrrhe und Weihrauch, die dem Christuskind von den Heiligen Drei Königen dargebracht wurden.

Nach alter Tradition holen die Engel vor Weihnachten das schadhafte Spielzeug aus den Kinderzimmern ab, damit es im Himmel repariert werden kann. Das Christkind bringt es dann am Heiligen Abend den Kindern zurück.

Inwiefern Weihnachtsgeschenke unmittelbar mit dem Protestantismus zusammenhängen, ist weit weniger bekannt. Als sich der Glaube Martin Luthers durchzusetzen begann, verlegte man die Kinderbescherung auf den Weihnachtstag. Die Geburt des Christuskinds sollte das wichtigste Fest der Weihnachtszeit werden. Zugleich bot sich so die Möglichkeit, den zahlreichen heidnischen Bräuchen wie der Frau Perchta, dem Julbock, den Adventsmütterchen oder auch dem Pelzmärte entgegenzutreten, die früher ebenfalls durch die Dörfer und Städte zogen, um den Kindern Geschenke zu bringen.

Weihnachten ist das Fest der Liebe – und der Geschenke. Wer jedoch die Geschenke als Liebesgabe, vielleicht auch als die einer höheren Macht begreift, der vermag den wahren Zauber der Weihnachtszeit zu entdecken.

~ Der Weihnachtsbaum ~

Es wird erst dann richtig Weihnachten, wenn Tannenduft und Kerzenschein die Wohnstuben erfüllen. Sitzt man mit Familie und Freunden unter einem festlich geschmückten Baum, ist das schönste Fest des Jahres gekommen.

Dabei ist die Tradition des Christbaums noch recht jung. Die Straßburger Stadtchronik bezeugt erstmals für das Jahr 1605 einen geschmückten Weihnachtsbaum, allerdings noch ohne Kerzen. Diese verzierten zunächst die Christbäume der Adeligen und der reichen Bürgerfamilien. Erst später wurden sie zum wichtigen Bestandteil des häuslichen Baumschmucks. Der Adel trug nicht unwesentlich zur Verbreitung dieses Brauches in Europa bei. So erstrahlte auf Wunsch der Prinzessin von Mecklenburg, die mit dem Prinzen von Orleans verheiratet wurde, im Jahre 1840 der erste Weihnachtsbaum in den Tuilerien.

Lichter- und Früchtebäume waren in früheren Zeiten Dank- und Opfergaben für die Götter. Auch die Tradition, sich in der Winterzeit immergrüne Zweige ins Haus zu stellen, geht auf heidnische Bräuche zurück. Damit sollte Lebenskraft ins Haus geholt und die Wiederkehr des Frühlings beschworen werden. Im christlichen Glauben steht die Tanne für den Paradiesbaum und für Jesus Christus, der unsere Sünden auf sich nimmt. Das so genannte Christgärtlein fungierte als einfacher Christbaumständer. Dabei wurde ein kleiner Zaun um den Baum gebaut und liebevoll als kleiner Garten dekoriert.

– Christbaumschmuck –

Besonders für Kinder ist der festlich geschmückte Baum eine Freude. Früher sogar noch mehr als heute, denn der Christbaumschmuck bestand ursprünglich aus süßen Köstlichkeiten: Nüsse, Lebkuchen, Äpfel und Zuckerwerk. Nach dem Fest durfte der Baum von den Kindern ‚geplündert' werden. Doch es hing noch mehr Schönes in den duftenden Zweigen: *„Daran henckett man rosen aus vielfarbigem Papier geschnitten, Äpfel, flache kleine Kuchen, Zischgold, Zucker ...“*, so berichtet die Straßburger Stadtchronik von 1605.

Natürlich wurde der Schmuck nicht zufällig ausgewählt, jedes Detail hatte seinen eigenen Symbolgehalt. Äpfel erinnerten an Adam und Eva und galten als Fruchtbarkeitssymbol, Lebkuchen standen für ein langes Leben, Rosen aus Seidenpapier gingen auf den Lebensbaum zurück und das Zuckerwerk versinnbildlichte die Süße der Gnade Gottes.

Dass die Christbaumkugel eine Erfindung des späten 19. Jahrhunderts ist, dürfte überraschen. Heute sind sie kaum mehr wegzudenken – die vielen bunten Kugeln, die im sanften Kerzenlicht dem Christbaum seinen ganz besonderen Glanz verleihen.
Die Kugeln entstanden ursprünglich infolge einer abflauenden Modeerscheinung. Denn als die Nachfrage nach „französischen Perlen“ - diese wachsgefüllten kleinen Glaskugeln sollten echte Perlenketten imitieren - mehr und mehr zurückging, mussten sich die Glasbläser nach neuen Einnahmequellen umsehen.
So experimentierten sie mit Glastierchen und anderem Zierrat und schufen letztlich mit den apfelgroßen und mit Silbernitrat ausgegossenen Kugeln glitzernde, ganz besondere Kunstwerke.

Bald schon hatten die kleinen Glaskugeln die festlich geschmückten Christbäume erobert. Die Vielfalt an Formen und Farben wuchs beständig und seitdem werden wir jedes Weihnachten aufs Neue mit prachtvollen Kreationen überrascht, die unsere Tannenbäume erst zu wahren Christbäumen werden lassen.

~ Die Engel ~

Engel begleiten uns durch die gesamte Adventszeit. Zahlreiche Geschichten, Weihnachtswunder und Mythen ranken sich um die geflügelten Himmelswesen. Engel sind für die himmlische Musik zuständig, sie wachen in der dunklen Jahreszeit über die Menschen und ein Engel verkündete den erstaunten Hirten auf dem Feld die Geburt des Christuskinds.

Als Rauschgoldengel wurden die himmlischen Wesen zum Weihnachtsschmuck. Der Erste wurde nach dem Dreißigjährigen Krieg von Balthasar Hauser, einem Nürnberger Puppenmacher, gefertigt. Das Figürchen mit dem gefalteten Goldpapierrock, den zarten Flügeln und dem feinen Wachsgesicht soll das Abbild seiner verstorbenen Tochter Anna gewesen sein. Zum Trost und zur Erinnerung an sie hatte er das „goldene Annerl“ gebastelt.

Mag die Geschichte auch Legende sein, die zarten Prachtgestalten fanden bald großen Anklang und verschönern unsere weihnachtlich geschmückten Zimmer bis zum heutigen Tag.

24. Dezember – der Heilige Abend

Die Weihnachtsfeiertage waren von jeher besondere Tage. Bevor das Christentum Staatsreligion wurde, feierte man im Römischen Reich am 25. Dezember den Geburtstag des Sonnengottes Mithras und auch im keltischen Kulturkreis lag um diese Zeit die Wintersonnenwende mit zahlreichen Feiern und Zeremonien zu Ehren der Naturkräfte. Es passte bestens in die bereits bestehenden Bräuche, die Geburt Jesu Christi auf diesen Tag zu verlegen, denn so wuchs der neue christliche Sinn in die Gewohnheiten des Volkes mit ein. *„Die Feste der Heiden müssen allmählich in christliche Feste verwandelt und in manchen Stücken nachgeahmt werden“*, meinte Papst Gregor der Große (590-604).

Bedenkt man die Entstehung unseres Weihnachtsfests, verwundert es nicht, dass sich noch heute geheimnisvolle Orakel und Geschichten darum ranken. Tiere sollen sprechen können und Pflanzen erblühen im Zauber dieser Nacht.

In manchen Ländern findet das Weihnachtsfest noch immer traditionell am 25. Dezember statt. Im Laufe der Jahre haben sich bei uns die

Feierlichkeiten zur Geburt des Heilands auf den 24. Dezember verschoben. Der Heilige Abend wurde zum Familienfest. Schon früh am Morgen lag eine feierliche Atmosphäre über dem ganzen Tag. Die letzten Vorbereitungen für das Festmahl am Abend wurden getroffen, der Baum mit buntem Weihnachtsschmuck herausgeputzt und Kerzen in die duftenden Tannenzweige gesteckt. Danach wurde das Zimmer bis zum Abend fest verschlossen, damit das Christkind unentdeckt die Geschenke bringen konnte. Natürlich waren die Kinder neugierig, was hinter den geschlossenen Türen geschah. Doch das Zimmer durfte erst wieder betreten werden, wenn das silberhelle Läuten des Weihnachtsglöckchens erklang.

Vor der Bescherung ging die Familie zum Gottesdienst, danach wurden die traditionellen Weihnachtsessen von der stolzen Hausfrau serviert. Noch heute gehören Gänsebraten oder Karpfen zu den verbreitetsten Festessen des Heiligen Abends. Wenn schließlich die Weihnachtsgeschichte vorgelesen wird und die ersten Lieder angestimmt werden, liegt der besondere Zauber von Weihnachten in der Luft.

~ Die Weihnachtsgeschichte ~

Es begab sich aber zu der Zeit, daß ein Gebot von dem Kaiser Augustus ausging, daß alle Welt geschätzet würde. Und diese Schätzung war die allererste und es geschah zur Zeit, da Quirinius Statthalter in Syrien war. Und jedermann ging, daß er sich schätzen ließe, ein jeder in seine Stadt.
Da machte sich auf auch Josef aus Galiläa, aus der Stadt Nazareth, in das jüdische Land zur Stadt Davids, die da heißt Bethlehem, weil er aus dem Hause und Geschlechte Davids war, damit er sich schätzen ließe mit Maria, seinem vertrauten Weibe; die war schwanger.
Und als sie dort waren, kam die Zeit, da sie gebären sollte. Und sie gebar ihren ersten Sohn und wickelte ihn in Windeln und legte ihn in eine Krippe; denn sie hatten sonst keinen Raum in der Herberge.
Und es waren Hirten in derselben Gegend auf dem Felde bei den Hürden, die hüteten des Nachts ihre Herde. Und der Engel des Herrn trat zu ihnen, und die Klarheit des Herrn leuchtete um sie; und sie fürchteten sich sehr.
Und der Engel sprach zu ihnen: Fürchtet euch nicht! Siehe, ich verkündige euch große Freude, die allem Volk widerfahren wird; denn euch ist heute der Heiland geboren, welcher ist Christus, der Herr, in der Stadt Davids. Und das habt zum Zeichen: Ihr werdet finden das Kind in Windeln gewickelt und in einer Krippe liegen.

(Lukas 2, 1-12 – nach der Übersetzung von Martin Luther)

~ Die Rauhnächte ~

Dezembernächte sind die längsten und dunkelsten des Jahres. Im eisigen, kalten Winternebel schweigt die Natur. Lebendig sind aber die Geschichten, die man sich am Feuer erzählte und die Geister, die die schwarze Nacht bevölkerten.

Die letzten Tage des alten Jahres galten als etwas Besonderes, denn diese Zeit des Umbruchs beeindruckte die Menschen seit jeher. Man schrieb ihr Zauberkraft zu. Magie, Orakel und Aberglaube ranken sich um die so genannten Rauhnächte. Mit der Wintersonnenwende am 21. Dezember beginnen die magischen Nächte. In den noch verbleibenden Tagen des alten Jahres musste man genau auf seine Träume achten, denn sie sagten Ereignisse der kommenden zwölf Monate voraus. Vieles ließ sich bei sorgfältiger Beobachtung vorausdeuten und die Menschen glaubten, dass in diesen besonderen Tagen die Zeit einen Spalt besäße, durch den man in die Zukunft sehen könnte.

Mädchen hofften, etwas über ihren zukünftigen Bräutigam zu erfahren. Denn aßen sie vor und nach Mitternacht je die Hälfte eines Apfels, erschien ihnen der Zukünftige im Traum.

In den magischen Nächten trieben allerhand böse Geister ihr Unwesen. Die „Wilde Jagd“ tobte durch die Dunkelheit, die uralte Göttin Hel (Frau Holle) mit den roten Hexenaugen ging um und arme Seelen klagten ihr Leid. Man schützte sein Haus und sein Vieh mit immergrünen Kränzen der Lebenskraft, verscheuchte die Geister mit Weihwasser und Weihrauch. Daher stammen auch die bekannten Räuchermännchen. Vielerorts veranstaltete man Lärmumzüge, um die Zauberkraft der Dämonen zu brechen.

Vor den Rauhnächten musste alles in Ordnung gebracht und Geliehenes zurückgegeben werden, denn man wollte nicht durch unnötige Tätigkeiten die Aufmerksamkeit der bösen Geister auf sich ziehen. Türen und Fenster mussten stets gut verschlossen sein. Man nahm sich vor fremden Tieren in Acht, da Hexen die Gestalt von Tieren annehmen konnten. Im Besonderen war darauf zu achten, nicht zu putzen oder zu waschen, denn man wusste ja: *„Wenn zwischen Weihnachten und Neujahr Wäsche aufgehängt wird, gibt es bald darauf im Haus ein Leichentuch …“*

Mit dem Dreikönigstag hatte der Spuk ein Ende. Das neue Jahr konnte seinen Lauf nehmen. Ob es ein gutes oder schlechtes werden würde, hatten die Träume der vergangenen Nächte ja längst prophezeit.

6. Januar – die Heiligen Drei Könige

Allein der Evangelist Matthäus berichtet von den Weisen aus dem Morgenland, die nach Jerusalem kamen, um das Christuskind anzubeten. Dass die Kirchenväter von drei Königen ausgingen, liegt wohl in der Anzahl ihrer Geschenke begründet: Gold, Weihrauch und Myrrhe.
Die Namen Caspar, Melchior und Balthasar erhielten sie erst im 9. Jahrhundert. Oft wurden sie den drei Lebensaltern oder den drei damals bekannten Erdteilen Asien, Europa und Afrika zugeteilt. Daher wurde der jüngste Sterndeuter Caspar zum „Mohrenkönig" und wegen seines fremdländischen Aussehens zur bekannten und beliebten Volksfigur.

Der Brauch, den Türbalken mit der Zeichenfolge „C+M+B" und der Jahreszahl zu versehen, ist eineVerchristlichung des heidnischen Schutzsegens vor bösen Mächten. Eigentlich stehen die Buchstaben für *„Christus mansionem benedicat"* (Christus segne dieses Haus), aber das Volk verband damit die Namen der Heiligen Drei Könige. Auch heute noch ziehen die Sternsinger von Haus zu Haus, singen, als die drei Weisen aus dem Morgenland verkleidet, ihr Sternsingerlied und erhalten dafür Weihnachtsgebäck, Obst oder Geld für wohltätige Zwecke. Zum Dank für die Gaben hinterlassen sie den Segen, der Haus, Mensch und Vieh das kommende Jahr über Schutz und Glück bringen soll.